Arnold Pesch

Augenblicke

Lyrische Impressionen

Impressum:
Das Werk einschließlich aller seiner Teile ist urheberrechtlich geschützt. Jede Verwertung ist ohne Zustimmung des Verlages und des Autors unzulässig. Dies gilt insbesondere für Vervielfältigungen, Übersetzungen und die Einspeicherung in elektronische Systeme.
Bibliografische Information der Deutschen Nationalbibliothek:
Die Deutsche Nationalbibliothek verzeichnet diese Publikation in der Deutschen Nationalbibliografie; detaillierte bibliografische Daten sind im Internet über http://dnb.d-nb.de abrufbar
Text und Titelbild: Arnold Pesch
Titelbild: Arnold Pesch
Umschlag-Design: tredition Verlag GmbH
2013: Verlag: tredition GmbH, Hamburg
ISBN:978-3-8495-0239-3

Vorwort

Augenblicke: Zerlegt man das Wort in seine Zwei Hälften Augen und Blicke, so erkennt man: Es sind Momentaufnahmen, die wir wahrnehmen. So ist es auch mit dieser Gedichtsammlung. Die Texte, gereimt oder nicht gereimt, sind spontan Erlebtes, Gedachtes und Empfundenes, einem Augenaufschlag gleicht, entstanden und gesammelt in vielen Jahren. Sie sind in dieser Sammlung nicht in der Chronologie ihres Entstehens aufgeführt, sondern unter vier Themen gegliedert. Bei einigen ist der Anlass des Entstehens vermerkt.

Stunden im Leben
Liebesgedichte
Natur und Umwelt
Gottsuche im Jahreskreis

Arnold Pesch

Stunden im Leben:

Verschlungen sind die Pfade

deiner vielen Tage

Im Irrgarten

An fernem Ufer aus dem Wasser
steigt dunkler Nebel quellend auf,
und in der Sonne fahlem Licht
- der Himmel färbt sich blasser -
schaukeln Boote;
weiße, rote,
im Winde leicht geblähte Segel.
In Schwaden aufgerichtet
- zum Irrgarten wird die See -
wälzen näher Wogen dichter Nebel.

Ein Bild wohl nur,
ein Schauspiel der Natur?

Betöret durch Propheten Wort,
geblendet durch des Wohlstands Glanz,
den wir zur Neige ausgekostet,
genießen wir der Erde Mord,
um sie verbrannt,
der Kraft entmannt,
den Kindern zu vermachen.
Dräuend türmen Wolken sich,
- wohl ahnend unsre Grenzen -
die Mahner wir verlachen.

Ein Traum gar nur
von Wahrheit keine Spur?

Wesentliches

Es gibt nur Weniges
was wirklich zählt;
die meisten glauben,
Reichtum, Macht oder Geld.
Die Gier nach diesen
brachte viel Unglück dieser Welt.

Vertrauen baut Brücken
über Schluchten im Streit.
Du weißt vom anderen,
beim gegebenen Worte er bleibt;
da du bist sicher,
er ist zu gerechtem Tun bereit!

Nur Liebe vermag doch
die Menschen zum Guten kehren.
Stellst du dich ihr
und lässt dich verzehren
im Eifer danach,
zum Dienst ohn' eignes Begehren.

Besinnung

Was wäre,
wenn der Tod mich überraschte,
und alles heut' zu Ende ginge?
Erkläre mir, dass ich nicht bedachte,
ich könnt aus diesen täglich Dingen
hinweggerissen werden!

Was hätt`
mein Leben denn bewirkt?
Was bliebe noch zurück von mir?
„Ach so! Ja der! Ich habe nicht gemerkt,
dass er gewesen." Ich lebte hier
und bin auch schon vergessen!

Was ist
geworden aus der Jugend Ideal?
Wie feiner Sand durch Finger
gleitet, ist es zerronnen, und schal
ist der Geschmack je länger
ich mich dran erinnre!

Ich bin
im Strom der Masse mit geschwommen,
weil es mir einfacher erschien!
Doch hab' ich nichts dabei gewonnen,
verloren nur mich selbst. Besinn
ich mich noch früh genug?

Die Stunden der Einsamkeit

Nur Stunden unsrer Einsamkeit
gebären große Taten.
Des Geistes Denken und Ideen
entspringen diesen Zeiten.

Du magst mit Freunden weinen, lachen,
Probleme hin und her bewegen,
sie mögen einen Weg dir zeigen,
dich drängen, es doch so zu machen.

Gilt es jedoch sich zu entscheiden,
zieh dich zurück und sinne.
Des Geistes Kraft schafft in der Stille,
in Stunden deiner Einsamkeit.

Flügel des Menschen

Dem Menschen sind Flügel gegeben
ins Licht der Sonne zu tauchen,
den Atem zu spüren, das Leben,
gezeugt von Gottes Hauchen,
allen Welten zu künden;
im Wind zu schweben über den Höhen,
emporzusteigen über den Abgründen,
zu trotzen den widrigen Böen,
Feuer der Liebe zu zünden,
Freude und Hoffnung zu schenken,
selbstlosen Frieden zu gründen,
mit Geistes Kraft und Denken
der Sonne Lichter zu spiegeln
das Wohl der Menschen besiegeln.

Zwischen den Zeiten

Zwischen den Zeiten entfliehen die Stunden
unaufhaltsam gleich anderen Tagen,
im Rhythmus des Jahres entschwunden;
nur werden sie tiefer empfunden.
Erneut sich Erinnerungen zeigen,
brechen hervor aus dem Dunkel.
Im Nebel verschwinden die Leiden,
im Licht verherrlichte Freuden.

Dem Menschen sind Ängste zu eigen:
mit leeren Händen da zu stehn,
Glück zu finden, einsam zu bleiben,
geliebt zu werden, Hoffnung zu teilen,
zweifelnd nach Sinn und Zukunft zu fragen,
- hadernd mit sich, untätig wartend-
zögernd den nächsten Schritt zu wagen,
anstatt sich über die Schwelle der Zeiten zu tragen.

Orientierungen

Was schaust du Mensch zum Himmel:
Dein Gott gab dir die Erde.
Nach seinem Wunsch und Willen
sein Reich und Heil dir werde:
zum Abgrund du sie führest,
wenn du als Maß DICH kürest.

Was hoffst du Mensch auf Götter,
die alles gütlich lenken,
mit Sonne, Wind und Wetter
dein Wohl und Weh bedenken:
Erbaue Weg und Stege,
als ob dein Gott sie lege.

Was denkst du Mensch in Träumen
und fragst nach Sinn und Zielen,
um dennoch zu versäumen,
den Hunger heut zu stillen:
In Nächten und auch Tagen
hörst du der Armen Klagen.

Was starrst du Mensch in Fernen,
den Bruder du nicht siehst,
suchst Leben auf den Sternen
zum Schein ein Paradies:
die Erde ist dein Schicksal
es bleibt nur diese Wahl.

In unserer kleinen Welt

Die Welt erscheint uns klein geworden
und Grenzen zu verschwimmen.
Wir reisen oft von Süd nach Norden,
Osten, Westen, hierhin, dorthin,
Geschäfte machend, Freundschaft schließend,
Menschen, Länder, Kontinente grüßend.

Bilder werden uns ins Haus gesendet:
Krönungen und Staatsbesuche,
Hochzeiten und Feste; geblendet
gar vom Übermaß der Pracht,
ergriffen von der Großen Wort,
der Menschen Taten miterlebend,
als wären wir am selben Ort.

Not und Elend, Grausamkeiten,
Krieg und Tod erschüttern uns;
vielleicht wir ein paar Tränen weinten
mit Müttern, die um Kinder bangten.
Besänftigen das Herz mit Spenden,
gar stolz auf unser Mitgefühl,
um sich der eignen Sache zuzuwenden.

Veränderliches

Veränderlich ist alles Ding
was ist, ist schon gewesen
ein Jetzt ist keine Gegenwart,
was wird, ist ungewiss,
ein War: des bist du sicher.

Vergänglich ist, was heute war,
doch ihm entspringt das Leben;
Bestehen bleibt des Geistes Werk
als Fundament zu neuem Sein
zum Wohle oder Wehe.

Keines Wort ist ewig recht,
wie alle Kreaturen schreiten fort,
so wächst auch das Erkennen.
Dem Menschen dienet nur,
was Leib und Seele stillet.

Gedanken

Gedanken wie Steine
lass sie ruhn;
der Wetterschlag
wird seines tun.

Gedanken voll Ranken
wachsen wild
am Lebensbaum:
der Jugend Traum,
der Jahre Lehre;
sie trag und nähre
des Weges Bild.

Gedanken mit Hoffnung
ersticke nicht;
durch Ranken und Steine
bricht das Licht.

Der Armen Bettler

Ich fleh als Bettler für die Armen,
da Not und Elend ich gesehen,
um Mitleid und Erbarmen,
Beachtung und Verstehen!

Durst und Hunger quälen hart,
die Haut ist fahl und ausgedörrt;
ein Greis der junge Leib schon ward,
der Geist vom Irrsinn ist zerstört.

Sie können weder schreiben, lesen;
gefangen von dem Fluch der Geister,
von Götzen und Dämonen, Wesen:
geworden ihres Daseins Meister.

Schweigend sie von Freiheit träumen,
ohnmächtig bebend, stumm geworden.
Still mit den Gebeten säumen
sie den Weg, von Hoffnungen geboren.

Am Schaltpult

Die Finger ruhen spielend an den Tasten,
und eine feine Kühle strömt in meine Hand.
Die Augen suchen ab die Instrumente,
sehen beruhigt ihren Stand.

Maschinen folgen unsrem Willen,
gebändigt scheint uns ihre Kraft.
Das feine Summen erzeugt die Töne
jenes Liedes, was der Mensch erschafft.

Ein Druck schon würde hier genügen,
um die beherrschte Technik auszuschalten.
Ein Fehler allerdings hätt Folgen!
Nicht auszudenken: entfesselte Gewalten.

Des Menschen Geist gebärt uns Wunderbares,
die Welt könnt Heimat sein für viele!
Doch ewig locken Geld und Reichtum;
sie scheinen die erstrebenswerten Ziele.

Wer zügellos die Technik nutzt;
und Leben gar durch sie zerstört,
gebraucht sie als ein Feind der Menschen,
von ihrer grenzenlosen Macht betört.

Auf dem Wege

Du gehst den Weg,
der Höhen und auch Tiefen kennt,
durch Täler und auch Berge führet;
du bist allein,
der Regen fällt, die Sonne brennt,
der Weg sich irgendwo verlieret.

Er zweiget ab,
du siehst nicht, wie er weiter geht;
entscheide nun, die Richtung wähle;
du traust dem Freund,
der hilfreich dir zur Seite steht,
die Augenblicke mit ihm zähle!

Er steigt bergauf,
von tiefen Spuren übersät,
erklimme ihn und schau die Ferne;
du stolperst,
zur Umkehr ist es nun zu spät,
den Weg des Lebens geh und lerne.

Besinnung

In des Tages Neige
schweige
und bedenke seinen Lauf:
Stunden kehren nimmer wieder.

In der Nächte Stille
quelle
Kraft dem Müden zu:
Sterne ziehen ihre Wege.

In des Morgens Kühle
fühle
ein neuer Tag bricht an:
Dunkelheiten weichen.

Und in diesem Werden
kehren
Licht und Sonne wieder:
Jahre sind gegeben.

Irrungen

Du Tor,
der alles Maß verlor
im Denken oder Reden,
und suchtest deine Fehden.

Du Narr,
auf deinem Rechte nur beharr,
im Glauben nie zu irren,
um deiner Eitelkeit zu zieren.

Du Held,
der nur Erfolge zählt,
die Siege laut bejubelt
und keine Schwäche duldet.

Du Dieb,
der Tageshelle mied
und Träume andrer stahl,
sich weidet ihrer Qual.

Du Gott,
wirst deiner selbst zum Spott
in deiner Schöpfung Wehen.
Wo ist der Sinn zu sehen?

Im Angesicht der Angst

Allgegenwärtig

Atem stockt
Blut erstarrt
Glieder zittern
Augen sich weiten
Schreie verstummen

Träume nicht träumen?
Lieder nicht singen?
Kinder nicht gebären?
Bäume nicht pflanzen?
Häuser nicht bauen?

Augen verschließen?
In Löcher verkriechen?
Hände nur falten?
Gebete nur sprechen?
Lichter entzünden?

glauben - vertrauen
hoffen - lieben
leben

Ewiges Antlitz der Hoffnung

11. September 2001

Eine öde Welt

Öd und leer wär unsre Welt,
wenn Berg und Täler eben,
Bäume kahl und Flüsse gerade,
es nur Sonne keinen Regen gäbe.

Öd und leer wären unsre Tage,
wenn alle Stunden gleich sind,
Tage nur nicht Nächte wären,
es nicht Zeit und Stunden gäbe.

Öd und leer wären Flur und Wälder,
wenn Bäume ohne Laub,
und weiß die Blumen wären,
es nur zahme Tier gäbe.

Öd und leer wären Kontinente,
wenn überall nur Sonnenschein,
Meere ohne Fische wären,
es nur weiße Menschen gäbe.

Öd und leer wären deine Tage,
wenn dort nicht jemand ist,
der Stück des Weges mit dir geht,
es seien auch nur wenige Schritte

Reich wär unsere Welt,
wenn Kinder nicht mehr hungern,
Kriege nur Geschichte wären,
Mütter Leben schenken würden.

Was ist es, das in uns schmerzt?

Landschaften: verstümmelt – verbaut;
Städte: geschäftig – leblos;
Flüsse: begradigt –verschmutzt;
Meere: befahren – verseucht;
Berge: erklommen – missbraucht;
Wälder: angepflanzt – gerodet;
Tiere: gejagt – geschossen;
Blumen: ausgerissen – zertreten;

Familien: zerrüttet – getrennt;
Frauen: missbraucht – geschlagen;
Männer: gefordert – erniedrigt;
Greise: ausgesondert – vergessen;
Mütter: entkräftet – ausgebeutet;
Kinder: geschlagen – geschändet;
Ungeborene: gezeugt – getötet;
Du: gesucht - nicht gefunden;

Reiche: genießend – bedenkenlos;
Arme: geschunden – verachtet;
Gesunde: kraftstrotzend – hemmungslos;
Behinderte: hilflos – übersehen;
Kranke: bedauert – ungetröstet;
Bettler: gesehen – lästig;
Fremde: heimatlos – verfemt;
Anders Denkende: unerwünscht – unbeliebt;

Gedanken: überheblich   – verbohrt;
Gefühle: getreten   – verirrt;
Freiheiten: genommen   – geraubt;
Wünsche: verlockend   – unermesslich;
Träume: geträumt   – nicht erfüllt;
Arbeit: getan   – nicht bezahlt;
Freizeit: beansprucht   – genossen;
Sünden: getan   – nicht gesühnt;

Gott: verloren   – nicht gefunden.

Spieler am Straßenrand

Im Lichterglanz der Stadt
umtost von tausend Wogen,
fast aufgesogen,
sitz ich am Straßenrand
und lausch dem Spiele meiner Orgel.

Die Schatten hasten achtlos,
vom grellen Schein zerrissen,
stumm verbissen,
unstet an mir vorüber
und stoßen sich und drängen.

Vom Klang der Töne angelockt,
in dunklen Augen Freude spiegelnd,
sich wiegend,
hockt sich ein Kind vor mir
und singt zu meinem Spiele.

Lachen eines Kindes

Mein Lachen schenke ich euch
Für:
Liebe und Geduld
Wachen und Sorgen
Musik eurer Stimmen
der Hände Schutz
der Küsse Wonnen
jeden Tropfen Milch
jede Krume Brot
liebe und strenge Worte
sorgende Blicke
dass ich da sein kann
dass ihr mich wollt.

Mein Lachen schenke ich euch
als Dank, mehr habe ich nicht.

Abgetrieben

Leben wollte ich:
Durch euch
Genährt in dir

Leben wollte ich:
Für euch
Mit euch

Leben wollte ich:
Die Sonne sehen
Die Luft atmen

Zerstückelt
Unter Qualen
Zerschnitten
Mit Schreien

Leben wollte ich!

Die Sanduhr

Gefüllt ist eine Schale
mit feinem weißen Sand;
Korn um Korn nun rinnt
unbeirrt hinab,
bis sie sich geleert,
Nun drehet sich die Schale,
die neue Stund beginnt.

Lebst du nur in Träumen
Augenblicke schwinden
Tag um Tage kommen,
gehen unaufhörlich fort;
willst du fest sie halten,
Jahre dir zerrinnen.
Wirst du Stund und Tag versäumen.

Marionetten

Tanzen auf der Puppenbühne,
willenlos der Kopf sich dreht,
Arm und Beine schwenken,
Fingerspiel die Fäden lenken,
unsichtbar die Hand sie führt.

Ohne dich zu täuschen
frage, ob du Marionette bist,
getrieben immer vom Begehren,
das eigene Ich nur zu verehren
fern von allen Wirklichkeiten.

Oder sind da unbekannte Mächte
Menschen, Dinge und Gelüste?
Gedankenlos nur diesen folgend,
egal ob Sturm und Wasser tosend
heilig Leben um dich stirbt.

Das Schicksal zieht wohl deine Fäden,
Zufall mag es sein auch mehr;
die Götter liebst du, fluchest ihnen,
weil nach deines Planes Sinnen,
dein Tun du nie in Frage stellst.

Irrlichter

Sterne in der Nacht - von ferne eure Pracht
das Auge staunend sieht – ihr eure Bahnen zieht.

Der Menschen grelle Lichter – verzerrte Glanzgesichter
werden zu Idolen – springen auf und johlen.

Völker sinnlos bluten – in des Feuers Gluten
Bombentrichter gähnen – Hyänen nicht zu zähmen.

Welten lodernd brennen – Haut und Haar versengen
Kinder werden Krüppel – durch des Krieges Büttel.

Frieden ohne Kriege – Freiheit ohne Siege,
Mensch dein Stern geblendet – im Irrlicht alles endet.

Febr. / 2003, am Vorabend des Irakkrieges

Worte des Friedens

Sag Worte des Friedens, nicht eines nur,
auch wenn sie im Winde verhallen!
Schamrot die Wangen dir brennen,
wenn stumm im Schweigen du harrest.
Hebe die Hand zum heiligen Schwur,
dass Hass sich wende, Tyrannen fallen,
Feinde zum Freund sich bekennen.

Tu Dinge des Friedens, tausendfach,
dass Waffen schweigen, Vernunft obsiege!
Vergebend reiche Herz und Hände,
dass blutende Wunden heilen.
Ächte Bomben, tilge die Schmach,
tu Dinge des Friedens nicht der Kriege,
dass Hass sich in Freundschaft wende!

März. / 2003, Irakkrieg

Klagelied

Mit zerfetzten Händen wühle ich
im rauchenden Schutt der Ruinen;
hocke auf Trümmer, verjage die Ratten;
die gierig nagen an meinem Gebein.
Die Krieger lachen, ich weine bitterlich.
Hass und Frevel berauscht ihnen
Geist und Sinn; trunken in ihren Taten
jubeln die Sieger. - Ich leide allein.

Allah, Jahwe und Jesus fleh ich an;
mein Wehklagen verhallt ungehört.
Stumm und fern der Welt ist unser Gott.
Wer errettet mich aus meiner Qual,
solange lüstern wütet ein Tyrann?
Die Städte leer, der Leib entehrt.
Der Kinder Lachen? Wo? Im Tod
nur find ich Ruh. - Ich habe keine Wahl.

März. / 2003, Irakkrieg

Straßenkind

Mein Bett- die endlose Straße
Mein Trost – berauschender Rauch
Mein Bett – Gräben und Brücken
Meine Kleidung – stinkende Lumpen

Mein Hunger – ich antworte nicht

Meine Mutter – süchtig nach Tand
Mein Vater – elender Säufer
Meine Freunde – habe ich nicht

Mein Glaube – quälende Zweifel
Meine Hoffnung – Trost der Lüge
Meine Liebe – der lüsterne Leib

Meine Vergangenheit – ich will sie vergessen!
Meine Zukunft – ich suche sie!

Zeit? Verlorene Zeiten?

Jahre im Fluge vorbei sie rauschen,
Stunde um Stunde mag zählen,
Minuten des Haderns dich quälen,
möchtest dein Heute vertauschen:
Nimm dir Zeit zu leben!

Blumen welken, sprießen, erblühen,
Vögel singen, ziehen von dannen,
Ziele und Länder wissend erahnen,
Monde vergehen, Sterne erglühen.
Nimm dir Zeit zu sehen.

Worte flehend gelallt, - geschrien,
Briefe geschrieben, zerrissen,
bittere Tränen unbemerkt fließen,
Hoffnungen tot, Träume entfliehen.
Nimm dir Zeit zu hören.

Lärm und Getöse an allen Orten,
auf Straßen gejohlt ein lüsternes Lied,
sinnloses Schwatzen, Stille entflieht,
Sprüche gesagt mit leeren Worten.
Nimm dir Zeit zu schweigen.

Ein neuer Tag

Aus bleichen Wassern steigt empor ein neuer Tag
geboren aus der schöpferischen Ruhe dieser Nacht
und an den Himmeln weckt im ewigen sich Wenden
der Sonne Kraft das Licht und hebt die letzten Schleier.
Wo bist du lange Nacht mit deinen Dunkelheiten,
die Zweifel, Träume, Ängste, Hoffen dir gebar?

In deiner Seele Urquell liegen schlummernd brach
die Kräfte deines Lebens, wenn Neid und Zwietracht,
Hass und Gier den Geist mit ihrem Irrlicht blenden.
Der Morgenröte reck empor die Arme und freier
magst du bittre Finsternisse zu durchschreiten
und deinem Herzen wird ein stiller Friede offenbar.

Meine alte Stadt

Durch Gassen schreit ich stumm und staunend
vorbei an Mauern, vom Zahn der Zeit zernagt,
lausch den Stimmen hinter offenen Fenstern,
atme der Jugend Duft, der Kindheit Raunen.

Im Schatten alter Bäume ruh ich sinnend aus,
such Freunde in den Straßen, in den Gräbern,
die Glocke schlägt die Stunden eh und je,
die Jahre rinnen: Hier war ich zu Haus!

Der Augenblick

Flüchtig ist der Augenblick,
ein Wimpernschlag im Flug der Zeit.
Des Schicksals Waage neiget sich
am Ende hin zur Ewigkeit.

Ein Gestern niemals wiederkehrt,
ein Morgen sich in Nebel hüllt.
Verschmolzen sind Beginn und Ende,
und Träume bleiben ungestillt.

Das Heute ist der Augenblick,
begrenzt durch Stunden, Tage, Jahre.
Er atmet Werden und Vergehen
im Rhythmus zwischen Leid und Glück.

Pläne

Ein Haus wollte ich bauen
Stein um Stein, mit Fenster und Türen
und lachenden Kindern auf Gängen und Fluren:
Risse in den Wänden, bröckelnde Fugen,
der Wind pfeift durch leere Räume.
Verloren die Träume.

Einen Turm wollte ich bauen
fest auf hartem Untergrund,
trotzend Stürmen und Donnern:
Das Fundament birst, gähnende Schlünde,
es öffnen sich Abgründe
tief und dunkel, Sekunde um Sekunde.

Ein Leben wollte ich leben
Tag um Tag, Jahr um Jahr,
lachen und weinen, mit Sonnen und Nächten:
Die Zeit ist darüber hinweg gegangen, gewesen,
unstet gepilgert von Ort zu Ort
zu mir selbst und Menschen dort.

Buch des Lebens

Seiten gefüllt mit Lettern Zeile um Zeile
im Buche unseres Lebens,
kaum leserlich, hingeworfen in Eile.

In Kindertagen geführt von der Eltern Hand
spielerisch mit Blumen umkränzt,
geflochten zum unschätzbaren Pfand.

In der Jugend mit kunstvoll geschwungen Bogen
stolz und mutig geschrieben,
zeugen von Träumen und Wogen.

In der reifen Jahre großer Fülle
Seite um Seite ergänzt,
der Stift notiert Schicksal und Ziele.

Unruhig der Zug in späteren Zeiten,
gekritzelt, von Tränen verwischt,
ungläubig Jahre und Stunden entgleiten.

Am Ende der Seiten ein Siegel
nicht aufzubrechen, vom Schicksal diktiert:
Das Buch unseres Lebens ein Spiegel.

Die letzte Seite: leer

Liebesgedichte

Liebe, kostbarste Blume des Lebens

gleich zarten Blättern der Rose

Meine Rose

Eine Rose ohne Dornen -
auch wenn der Duft betörend -
mag ich nicht;
ich kann sie pflücken -
blind, ohne dass sie sticht.

Eine Rose voller Dornen -
durch Sonne weit geöffnet,
fand ich jetzt,
sie wächst in meinem Garten,
dem Winde ausgesetzt.

Ein Ja

Das Wort, ein Ja!
Bedingungslos?
Vermag ich so -
frei genug -
mein Ich
dem Du zu geben?

Der Geist, ein Ja!
Bedenkenlos?
Vermag ich so -
ganz bewusst -
dem Du
das Denken geben?

Das Herz ein Ja!
Grenzenlos?
Vermag ich so -
liebevoll -
dem Wir
das Ja zu geben?

Begegnung

Des Glückes Gunst erfahren,
unfassbar noch, doch wahr.
Die Liebe mag`s bewahren,
ein Mensch sich zu dir traut.

Die Hände ausgebreitet,
versuch sie doch zu schließen!
Damit auch nicht entgleitet,
was gern du halten willst.

Die Angst lässt dich erbeben,
dass du nicht fassen kannst,
was du hier darfst erleben,
im Wandel deiner Hast.

Liebesmelodie

Der Seele Saiten schwingen
berührt vom fernen Klang
und leise Töne klingen
im Herzen angst und bang.

Die Stimme sanft und leise
ein wenig zitternd noch
erregt geheimnisvoller Weise
die Sinne selig doch.

Welches unbekanntes Wesen
spielt diese Melodie?
Ein Schicksal mag`s gewesen
vom Wind erzählet sie,

von Tränen, Trauer, Träumen
von Staunen, Liebe, Glück.
Aus unendlich tiefen Räumen
ein Echo schallt zurück.

Zwei Hände

Die Hände,
sacht berührend -
zum Kreise fest geschlossen: -
Nimm diese Hand
zum Gruße,
du sollst willkommen sein. -
Nimm diese Hand
und sage,
verzeih, es tut mir leid. -
Nimm diese Hand,
vertraue,
ein Mensch steht neben dir. -
Nimm diese Hand
und spüre,
die Wärme und den Halt. -
Zwei Hände -
eins geworden, -
sie halten sich entschlossen.

Das Spiel der Hände

Hände streichen sanft und leise
Haut und Haare; ziehen feine Kreise
bis der Atem schneller flieht,
und der Brüste Knospe blüht.

Sie spielen
gar mit zarten Fingern,
an Armen oder Lenden,
der Haare schützend Burg,
den Beugen oder Hügeln,
beseelt von weichen Flügeln.

Sie tasten
sanft die feuchten Lippen,
der Wangen feine Spuren,
des Rückens schlanken Grat,
der Hüften weiche Form,
der Wonnen Gral und Born.

Hände ruhen still erstaunt,
getröstet auf der weichen Haut;
und deine suchen, finden,
was Leib und Seele künden.

Am See

Im weißen Licht des Mondes
See und Ufer baden,
in den Fluten laben
sich Prinz und Märchenfee.

Am Strande weich im Sande
betten sie sich hin
und ihre feuchten Leiber
betören ihren Sinn.

Die Hände suchend gleiten
an Brust und Lenden sanft,
Aug und Mund sich weiten
im Schrei der Liebesnacht.

Der Mann im Monde lächelt
und ziehet seine Bahn,
was er so oft gesehen,
ist Traum, ein schöner Wahn.

Träumereien

In des Armes weicher Beuge
schlummert still die kleine Fee
und der Atem wehet leise
durch die Nacht; gesteh

dass Freud und Wonne quellen
empor aus diesem Born,
und tragen dich auf Wellen
fernab von Stern zu Stern.

Haut an Haut lässt Ströme fließen
Ströme tiefer Harmonie,
Tief in Herz und Seele sprießen
Träume voller Phantasie:

Wo Mondes Lichter streuen
sanfte Kreise auf den Leib
Aug und Lippen sich erfreuen
Traum, du Traum so bleib.

In einer Waldlichtung am Feuer

Im warmem Licht des Feuers
hockt am Waldessaum
ein lieblich Wesen
blicket stumm
lauschend fernen Weisen
leise summend eine Melodie
ein Traum
von Glück und Harmonie.

Der glühende Schein des Feuers
spielt auf Haut und Haar
mit bunten Farben
tanzend wild
Leib und Seele öffnen
zitternd wohl angelegte Ketten
wunderbar
um sich zu retten.

Die wärmende Glut des Feuers
weckt tief im Herzen
ungestüm Verlangen
staunend noch
aus ungeahnten Tiefen
quellen auf Lust und Liebe
Schmerzen
wundersamer Friede.

Mein Geschenk

Mein Geschenk: das Lachen
der Stimme liebend Klang
das Hören oder Schweigen
Gedanken Wort um Wort
der Sinne froh Erwachen.

Mein Geschenk: das Weinen
in Trauer oder Glück
im Zittern oder Bangen
in Schmerzen oder Hoffen
im Großen oder Kleinen.

Mein Geschenk: die Hände
im Geben oder Nehmen
im Tasten oder Fühlen
im Forschen oder Harren
im Glücke ohne Ende.

Mein Geschenk: die Träume
der Tage oder Nächte
der Sonne wärmend Strahlen
der Wellen Auf und Nieder
das Rauschen aller Bäume

Dein Geschenk - Dein Sein.
Dank sei Dir, bleib Mein.

Verletzungen

Die Rosen auf dem Tisch - übersehen
die Tränen in den Augen - nicht bemerkt
die stummen Fragen - nicht beantwortet
die Schreie der Not - im Nichts verhallt
die Freude und Trauer - allein ertragen
das Sehnen nach Liebe - blieb ungestillt
der Hunger nach Zärtlichkeit - mich dürstet noch
die gleichgütigen Küsse - damit abgefunden
die Träume der Tage und Nächte - im Nebel verschwunden
die Sorgen und Ängste - mit Bangen durchlitten
die harten Worte - nicht bedacht
die einsamen Stunden - allein durchlebt
die Verleumdungen anderer - nicht gehört
gelebt und nur gelebt - auf Kosten anderer!

Die Rosen auf dem Tisch
Warum hast du sie übersehen?

Ich nehme dich mit in meine Träume

Weit ab von diesen Welten
hin zu Monden oder Sternen
mit Winden oder Wolken
über Meere, Berge, Fernen,
nehme ich dich mit in meine Träume.

Mit Schweigen, Singen, Weinen,
im Schatten dunkler Tage
durch tiefe Täler, weite Höhen
mit Worten ohne Klage:
Begleite mich in meine Träume.

Grüne Zweige süßer Hoffnung,
Blumen bunt und voller Duft,
perlende Wasser, rauschende Wälder,
Vogel Sang in klarer Luft:
Lasse Träume dir nicht stehlen.

Utopie der Liebe

Liebe, kostbare Blume,
Atem der Seele,
erblüht im Morgentau,
im Arm der Geliebten,
den Duft der Rose
mit Wonnen genossen.

Gepflückt am Abgrund,
geborgener Schatz,
kostbarer Bergkristall,
achtlos zertrümmert,
zerrüttet im Streit und Gezänk,
verwelkt im täglichen Allerlei.

Traum ewiger Liebe:
verdorrt, verflogen.
Utopia

Verlorene Träume?

Ich lache - du zeigst die Zunge
Ich weine - du lachst ein hämisches Lachen
Ich rede - du spottest und höhnst
Ich küsse - du spuckst

Feuer der Liebe - erloschen
Verheißungen - verlorene Träume!

Bitter schmecken Kuss und Liebe,
genossen im Meer der Vereinigung.

Heilige Schwüre – vergessen:
Du Narr hast Liebe und Treue für einen Luftballon aufgegeben.

Verlorene Träume?

Kostbare Blume

Liebe, kostbarste Blume des Lebens,
gleich zarten Blättern der Rose,
gepflanzt im Garten der Hoffnung,
erblüht in geborgenen Händen,
gepflückt am Abgrund des Seins,
gefährdet, - - zerbrechlich,
verwelkt in der Dürre des Alltags,
entbehrt der lebenspendenden Wasser,
getränkt mit Tränen der Enttäuschung.
Mit Küssen erwache zu neuem Leben.

Liebe kostbare Blume:
Rette sie über den Abgrund.

Blume des Lebens

Die Blume des Lebens ist die Liebe:
Keimende Knospe der Hoffnungen,
geöffnete Blüte, betörendem Duft
Freude der Seele, Quelle der Lust.

Das Maß der Sinne ist die Liebe:
emporquellend aus wogenden Tiefen,
flammende Sonne, köstliches Licht,
liebkosend den Leib, Glut im Verzicht.

Der Atem der Seele ist die Liebe:
Leben spendend dem Herzen.
Befreiend im Schweigen der Nacht,
die Blume des Lebens erwacht.

Natur und Umwelt

Frühling, Sommer, Herbst und Winter,

Tage und Jahre

Frühling

Ein warmer Wind
von Süden weht -
und Bäume
wiegen sich
und warten.

Der Sonne Strahl
weckt Leben -
und Blumen
brechen auf
und blühen.

Des Tages Licht
wird länger -
und Tiere
wachen auf
nun wieder.

Das Morgenlied
klingt heiter -
und Vögel
singen nun
und schweben.

Des Frühlings Kraft
gibt Hoffnung -
und Menschen
fangen an
zu lieben.

Sommertag im Wald

Der Sonne Licht
durchbricht
der Blätter Dach, -
und helle Kreise
tanzen ihre Weise.

Im stillen Wald
verhallt
des Vogels Lied, -
und seine Schatten
schenken sanfte Matten.

In seiner Kühle
fühle
die Größe der Natur, -
und deine Schritte
tragen dich zur Mitte.

Morgen im Herbstwald

Feine, weiße Nebel
hängen sich wie Netze
reckend sich empor
an Zweige, Stamm und Äste.

Am hart gewordenen Laube
zerrt leis der Morgenwind;
die Blätter bunt geworden,
sie wohl ermattet sind.

In manchen kahlen Kronen
entdeckst du nun ein Nest.
der Wald hat es verborgen,
beschützet bis zuletzt.

Der Sonne sanfte Wärme
hebt den Schleier sacht;
den Wald sie uns verzaubert
in tausendfacher Pracht.

Dein Herz durchflutet Freude
getröstet von dem Licht.
Demütig geh und beuge
dich deiner Tagespflicht.

Der Tanz der Blätter im Herbst

Im Winde wiegen sich die Blätterdome
gefärbt in Herbstes bunter Pracht,
lechzend nach dem letzten Strahl der Sonne.
Vom Baume fällt ermüdet Blatt um Blatt.
Sie wirbeln auf und nieder, tanzen ihren Reigen,
sinken sacht zu Boden, erschöpft und matt,
zu neuem Leben aufzusteigen
nach Ruh und langer Wintersnacht.

Sechs Monde trugen sie des Lebens Wonnen,
knospen, wachsen, das Gesumm` der Bienen,
des Vogels junge Brut im Nest der Wipfel Kronen,
mit Schatten Labung spendend Mensch und Tier,
stolz getrotzt des Herbstes wilden Stürmen.
Die Zeit ist reif für Traum und Stund` mit dir,
vergeude nichts, bevor die Himmel zürnen,
und Freud und Leid im Nichts zerrinnen.

Novembertag im Wald

Der Wald ist still geworden,
das Leben hat an Kraft verloren,
die Vögel sind von dannen,
und in den dunklen Tannen
weht nur ein stiller Wind.

Die feinen weißen Segel
der nassen, kalten Nebel
durchdringt mit zaghaft fahlem
Licht der Sonne Strahlen.
Die letzten Blätter fallen.

Zerstöre nicht die Stille!
Es ist des Schöpfers Wille,
dass neues Leben werde
beschützt im Schoß der Erde.
Du schaue nur und schweige!

Novembertag

Nebel liegt in unsrer Stadt
in Höfen, Gassen, Straßen,
klebt an Häuserwänden,
klettert über Mauern;
der Kirchen hohe Türme
scheinen sanft und matt.

In den Bäumen hängen Schleier,
spannen weit von Haus zu Haus
Gewebe weiß und feucht;
aus den Fenstern schimmern
Lichter blass auf alt Gemäuer.

Schritte hallen dumpf und leise
getragen von der weißen Flut.
Mensch gedenke deiner Stunden,
deines Schicksals ferne Wege
deiner Tage ruheloser Reise.

Der erste Frost

Mit zartem weißem Atem
haucht diese Nacht
der Winter,
- zeigend seine Macht -
Feld, Wiesen, Wälder
erschauernd heftig an.

An kahlen Zweigen glänzet
Eis gewordener Tau,
erstarret.
Ein Wind weht rau
von Norden und ächzend
biegen sich die Bäume.

Der Knospen Quelle
ist der strenge Frost.
Bedenke, Hoffnung sei
und Trost,
Leben ist im Werden,
Licht nach Dunkel wird.

Ein langer Winter

Noch immer weht ein kalter Wind von Osten
und peitscht mit tausend Nadeln das Gesicht.
Unter seinen strengen, harten Frösten
ungeduldiges Leben erbarmungslos zerbricht.
Der Winter dehnt sich lang.

Von Schnee bedeckt hält alles Wachsen inne,
der Sonne Stand den Frühling wohl verspricht,
es drängt hinaus aus seiner stillen Enge,
getrieben von der Zeit, gelockt vom hellen Licht!
Die Kälte schreckt es ab.

Jahresringe

Mächtiger Baum, -
gefällt, noch wund, -
ich zähle deine Ringe,
weit und eng,
weich und fest, -
dein Lebenstraum.

Das Gesicht, -
gefurcht, noch warm, -
ich zähle deine Jahre,
leicht und schwer,
lang und kurz
erfass` sie nicht.

Am Abend

Sanft schwingen deine Flügel
stille Nacht
sie wehen sacht
und hauchen süßen Duft
von fernen Hügeln
geheimnisvoll die Stimme ruft.

Sterne wandern, ziehen Kreise
ferne dort
immerfort
aus Fernen trägt der Wind
betörend Weise
durch die Dunkelheit.

Wald und Blätter rauschen
Wipfel Kronen
dort oben wohnen
vom Winde nur bewegt
die Sinne lauschen
einer andren Welt.

Feuer diesen Raum erhellt
mild und warm
aller Harm
vergessen nun
dem Nichts verfällt
Frieden deine Seele tränkt.

Besinnung

In des Tages Neige
schweige
und bedenke seinen Lauf:
Stunden kehren nimmer wieder.

In der Nächte Stille
quelle
Kraft dem Müden zu:
Sterne ziehen ihre Wege.

In des Morgens Kühle
fühle
ein neuer Tag bricht an:
Dunkelheiten weichen.

Und in diesem Werden
kehren
Licht und Sonne wieder:
Jahre sind gegeben.

Der Lerche letzter Flug

Noch einmal steige ich auf
der Sonn entgegen
und singe mein trauriges Lied.
Das Nest zerstört vom Regen.

Noch einmal klage ich laut:
Hier soll ich leben?
Die Jungen tot durch Gift.
Im Winde möcht ich schweben!

Noch einmal, ach was soll's?
Verstummen mag die Stimme!
Ein letzter müder Schlag, -
kein Raum, - mein Blut gerinne!

Des Vogels Klagelied

Der Vogel schwebt
vom Wind getragen
der Sonne frei entgegen.
Sein Lied sind Klagen.

Im Echo nur
er Antwort findet
vom Felsen widerhallend.
Die Lust entschwindet.

Im Grase stumm
ich lieg' und ahne,
wohin des Vogels Flug.
Wie war sein Name?

Kleine Hoffnungen

Kleiner Vogel in der Hand
mit blutigem Gefieder,
der warme Leib pulsieret noch,
verstummt sind deine Lieder.

Weiße Wolken ziehen dahin
von Hoffnungen umwoben.
Die Stürme werden ihres tun,
und Träume sind zerstoben.

Klare Wasser strömen weit
durch Felder, Wies und Walde!
Erquicke Mensch und Tiere gleich
getrübt nun wirst du balde.

Kleine Hoffnung halte stand
in manchen leeren Stunden!
Leuchte mild in jeder Nacht,
bis dass der Weg gefunden.

Auf dem Gipfel

Das Auge trinkt die Ferne
der Sonne gleißend Licht;
die Seele atmet Friede
nur leis` die Stimme spricht;
die Haut spürt sanfte Wärme,
da Düfte trägt der Wind;
im Herzen sprießen Triebe
voll Wonnen diese sind.

Im Tale decken Schleier
Mensch und Häuser zu;
am schroffen Fels gelehnt
der Atem suchet Ruh;
Gedanken werden freier
zum Himmel ragen sie;
ein jeder Sinn ersehnt
das Sein der Harmonie.

Die Quelle

Aus kühlen, unbekannten Tiefen
quillt aus reinem Erdengral
die klare Quelle;
drängt zu des Tages Helle,
- Leben spendend, -
bricht tausendfach den Sonnenstrahl.

Im Abgrund schnöder Seelen
tobt dem Orkane gleich
grenzenloser Neid;
schwört jeden falschen Eid,
- Begierde suchend, -
umgeht Gesetz mit Schurkenstreich.

Auf dem Urgrund edler Herzen
keimt mit zartem, süßem Duft
ein reiner Liebesbaum
der Menschen ewig Traum,
- von Anbeginn, -
unstillbar die Sehnsucht ruft.

Der Wasserfall

Vom Felsen stürzen Wassermassen
tosend in den Schlund der Schlucht,
und Jahr um Jahr zerfraßen
sie den Fels in ihrer ewigen Wucht,
sprühen schäumend ihre feuchte Gischt
als feine, weiße Nebel ins Gesicht,
lecken sich empor an Moos behangenen Steinen,
um spielend sich im Sturzbach selig zu vereinen.
Den Abgrund überspannt im gleißenden Sonnenlicht
mit tausendfachen Perlen ein Regenbogen.
Sein Licht die Wasserschleier bricht.
Den Ruf verschlingt der Wasser Toben.

Die Hagebutte:

Im Innern schlummert tief geborgen
geschützt von überreifer Hülle,
ein Wunder der Natur,
des Lebens neue Fülle.

Im Morgentau an reifer Frucht,
der Tropfen einer Träne gleich,
geküsst vom ersten Sonnenstrahl,
das Licht sich tausendfach nun bricht

Die Frucht erzählt vom Jahre,
mit Sonne, Sturm und Regen:
Geboren aus der Rose.
Geheimnisvolles Leben.

Die Wilde Rose

Betörender Duft
Gepflückt zum Spiele der Lust,
gebrochen, verwelkt.

Herzen erglühen:
Rose der Liebe erblüht,
Verdorrt in Fehden.

Fülle des Daseins,
Verborgen, geheimnisvoll,
Blatt um Blatt ein Rausch.

Ein neuer Tag

Aus bleichen Wassern steigt empor ein neuer Tag
geboren aus der schöpferischen Ruhe dieser Nacht
und an den Himmeln weckt im ewigen sich Wenden
der Sonne Kraft das Licht und hebt die letzten Schleier.
Wo bist du lange Nacht mit deiner Dunkelheit,
die Zweifel, Träume, Ängste, Hoffen dir gebar?

In deiner Seele Urquell liegen schlummernd brach
die Kräfte deines Lebens, wenn Neid und Zwietracht,
Hass und Gier den Geist mit ihrem Irrlicht blenden.
Der Morgenröte reck empor die Arme und freier
magst du bittere Finsternisse zu durchschreiten
und deinem Herzen wird ein stiller Friede offenbar.

Horizont

Wo Erd' und Himmel sich berühren,
sind Grenzen scheinbar aufgehoben;
und, du mein Gott, dort droben,
rückst näher uns an diesem Ort.

Der Horizont scheint greifbar nahe,
und fassbar nun des Gottes Macht.
Er weicht zurück, dem Schritte, - sacht,
gehst du jedoch ihm dann entgegen,

Du Gott bist fern wie eh und je,
und unser Denken, Tun und Handeln
kann deines Geistes Sinn nicht wandeln,
dass Menschen Herr sind, wo du bist.

Gottsuche im Jahreskreis

Zündet Kerzen an in dunkler Nacht,

Advent

Willkommen hier auf Erden
du Gottes höchstes Kind,
allen Heil soll werden,
die guten Willens sind.

Du teilst mit uns das Leben
ob Freude, Angst und Leid,
und uns als Gnad gegeben
in dieser unsrer Zeit.

Du kündest uns die Wege
zur Rettung dieser Welt,
in alle Herzen lege
den Frieden, großer Held.

Die Geschichte von Bethlehem

Maria uns ein Kind gebar
in bittrer Not, in schwerer Stund.
Ein leerer Stall die Herberg war.
Verheißen ward der Sohn im Bund.

In der Krippe arm und nackt
liegst du, kleines Christuskind.
Unsre Herzen sind verzagt,
da die Welt im Tod versinkt.

Willst uns deinen Frieden bringen,
und die Himmel öffnen sich.
Engelschöre jubelnd singen:
Ehre Gott dir ewiglich.

Hirten knien staunend nieder,
Waisen folgen einem Stern.
Aller Welt eröffnet wieder
Heil und Segen unsres Herrn.

Die Botschaft der Heiligen Nacht

Engel dieser Nacht verkünden:
Ehre Gott sei in der Höh`,
Frieden allen Menschen werde,
die des guten Willens sind!
Du Mensch, auf deiner Erde!

Ehre wir uns selbst bezeigen, -
unser Ich ist unser Gott,
dem jedes Opfer wird gebracht,
ein Götze unter vielen Göttern.
Du Mensch, sei es bedacht!

Friede kann in dir nur werden,
wenn aus überreicher Quelle
strömet zu dir selbst zurück,
was aus Liebe du gestiftet.
Du Mensch, richte auf den Blick.

Nacht der Nächte

In der Nacht der Nächte
Gott den Sohn gab als Geschenk,
ausgesetzt dem Sturm der Mächte,
uns im Glauben eingedenk.

Komm in die Wüsten unsrer Herzen,
in das Dunkel unsrer Tage.
Zünde an das Licht der Kerzen,
Hoffnung in die Seelen trage.

Nackt und bloß, auf Stroh gebettet,
ausgestoßen von der Welt,
uns des Vaters Liebe rettet
Herrscher überm Sternenzelt.

Zu Weihnachten

Zündet Kerzen an in dunkler Nacht,
Lichter für die kalte Welt.
Kündet allen Gottes Macht:
Mensch, dein Gott hat dich erwählt.

Kind, den Welten heut geschenkt
vom Schöpfer aller Zeit und Wahl
seines Bundes eingedenk
Geschöpf nun selbst im Stall.

Licht der Hoffnung
- Weihnachten -

In diesen dunklen Tagen
mit Kriegen, Hass und Tod
zweifelnd Schritte wagen
mit diesem Kind, dein Gott.

Durch große Dunkelheiten
erstrahlt ein heller Stern;
erstarrte Seelen weiten
den Blick von nah nach fern.

Ein Kindlein wiegt Maria,
gebor`n in schwerer Stund.
Engel jubeln Gloria.
Geschlossen ist der Bund.

Der Welten Schicksal Wende
könnt hier und heute sein,
wenn Menschen Herz und Hände
reißen Schranken ein.

Gebet zur Zeitenwende

Diese Zeitenwende
trägt des Jahres Last.
Betend schließe nun die Hände!
Herr, gib kurze Rast!

Tage sind vergangen,
Stunden, - ungezählt.
Bittend frag mit Bangen,
Herr, sind sie bestellt?

Zeiten kommen, gehen,
Wege - eben - steil.
Hoffend lass mich sehen.
Herr, führ sie zum Heil!

Unter dem Sternenhimmel

Ihr Boten unsrer Nächte,
unendlich fern doch nah
zieht ihr dort eure Bahn.
Wo ist der Herr der Mächte?

Wo sind des Herren Hände,
der ordnet euer Reich?
Bewahret das Geheimnis
in aller Zeitenwende.

Vermessen wohl zu sagen,
die Welt sei hier nicht dort.
Oh Gott, zu Deiner Ehre,
lass Tag und Zeit uns tragen.

Verheißungen

Messias,
dem Volke Israel verheißen ward
durch des Propheten mächtiges Wort.
Es seufzt in Not nach Babylon,
wählt Götzen sich zum Gott.

Gottessohn,
geboren warst du unerkannt
bei Bethlehem im kalten Stall.
Stirbst deinen Tod am harten Holz,
dein Todesschrei durchdringt das All.

Erlöser,
kündest Menschen guten Willens:
Erneuert werden Erd` und Himmel,
Freud und Friede bring ich allen,
Hoffnung sei euch nicht vergebens.

Menschen,
wandelt eure starren Sinne,
reicht einander Herz und Hände.
Gott als Kind ist euch gebor`n.
Betend knie und halte inne!

Gottes Gegenwart

Wo bist Du Gott?
In Wort und Schrift?
In Brot und Wein?
Im Lichte dort?

Im Morgentau,
wo Licht sich bricht?
Im Blumenduft?
Im Himmelsblau?

Im Bettler, tot
am Straßenrand?
Im Fremden, stumm
in seiner Not?

Im Kinde, wund,
durch Hunger matt?
Im Freund, im Feind?
Im Liebesbund?

Im Trunkenbold,
nur torkelnd noch?
Im Tagewerk?
Im Rausch nach Gold?

Wo bist Du Gott,
so nah doch fern?
Wie zeigst Du uns,
was Dein Gebot?

Glaubenszeichen

Ich fand ein Holz -
blutgetränkt -
zum Heil geschenkt.

Ich aß das Brot -
geheimnisvoll -
das stärken soll.

Ich las die Schrift -
bedeutungsvoll -
mit Zweifeln wohl.

Ich hört das Wort -
uns zugesagt -
mit Trost bedacht.

Ich such dich Gott
- hier und dort, -
am heiligen Ort

Wo ist Gott?

Hier bin ich Mensch:

In den Unendlichkeiten,
die ewig waren;
in wandelbaren Zeiten,
die dich gebaren.
In Nächten oder Tagen
mit Freuden oder Plagen;
im Sonnenschein und Regen
all Kreatur zum Segen;
in Pflanzen und Getier
und nicht zuletzt in dir.

Hier bin ich Mensch:

In Schrift und Wort,
im Sakrament und Brot.
Da bin ich Mensch,
nicht fern von dir,
wie ich dir zugesagt:
ich bleib bei dir.

Das Schweigen Gottes

„Ich bin der, der ich für Euch da sein werde."
Nichts vermag Dein Schweigen zu brechen:
Gewalt und Terror, Elend und Tod,
Hunger und Durst, Krankheit und Not,
Du schweigst:
„Ich bin der;" - sinnlos deine Versprechen.

„Ich bin treu, treu Euer Gott!"
Propheten künden Deine Huld und Macht:
Deine Weisheit, Dein Erbarmen,
Deinen Zorn und Rache in Deinem Namen.
Du schweigst:
„Ich bin treu!" – Dein Schwur zum Hohn erdacht?

Schreie der Angst verhallen in unendlichen Fernen
und der Atem trägt die Klage zu den Sternen.

Das Kreuz

Kreuz:
Eingerammt auf unserer Erde:

im Paradies unbändigen Lebens,
in zügellosen Freudenfesten,
in hemmungslosen Leidenschaften
in ausgelebten Eitelkeiten,

Kreuz:
Versunken im tiefen Sumpf der Lügen:

In glattzüngigen Schwüren,
in heuchlerischem Versprechen,
in schamlosen Verleumdungen,
und arglistigen Kränkungen.

Kreuz:
Unter Stöhnen und Ächzen getragen:

Mit unendlicher Trauer behaftet,
mit nagenden Sorgen bekränzt,
mit blutenden Wunden getränkt,
mit allen Hoffnungen behangen.

Kreuz: Ecce lignum cucis:
Zeichen der Hoffnung, der Liebe

Karfreitag

Marienklage

Ich trage die Last
unsagbar schwer
mit tausend Fragen
ohne zu klagen: -
das Herz ist leer.

Ich trage die Last
mit Schmerzen und Tränen
zum Spotte und Hohn
gekreuzigt der Sohn: -
die Hoffnung zu nehmen.

Ich trage die Last
des Glaubens für dich
gedienet als Magd
erfahren die Nacht: -
erwarte das Licht.